AF509391

RAPPORT

FAIT

AUX AUTEURS DRAMATIQUES,

Sur le traitement proposé par la
Comédie Française en 1791;

ET DÉLIBÉRATION

prise à ce sujet.

A PARIS,

De l'Imprimerie de DU PONT, Député de
Nemours à l'Assemblée Nationale,
Hôtel de Bretonvilliers, Isle Saint-Louis.

1791.

Les Auteurs dramatiques, fatigués d'entendre par-tout des personnes induites en erreur, leur dire qu'ils traitent mal les Comédiens français, et qu'ils ont juré leur ruine, ont exigé que ce travail, qui n'avait été fait que pour eux et pour MM. les Comédiens, devînt public par l'impression; afin qu'on pût juger des motifs qui ont fondé leur détermination.

RAPPORT

FAIT

AUX AUTEURS DRAMATIQUES,

Sur le traitement proposé par la Comédie française en 1791, et délibération prise à ce sujet.

VOUS désirez, MESSIEURS, que je vous offre, sous la forme d'un nouveau rapport, les vues qui tendent à rapprocher les auteurs dramatiques des comédiens français ; et mes observations sur les offres de ces derniers, qui sont : *le septième de la recette,* 900 *livres de frais prélevés, sans les frais extraordinaires !*

Une difficulté m'arrête à la première période.

Sans doute vous ne voulez point faire un mystère aux comédiens français de mon rapport, ni de vos décisions ; et pour le bien de tous, vous ne devez pas le vouloir. Mais l'Assemblée nationale, par un de ses décrets, ayant détruit toute corporation, toute association, nommée délibérante, les comédiens

A

pourraient, en pressurant le texte du décret, méconnaître une résolution émanée de vous *en commun* : et, par cette objection vicieuse, nuire au rapprochement que nous désirons opérer.

Pour lever cet obstacle, sans rien changer au vœu que vous formiez, de n'avoir tous qu'un même avis sur des conventions raisonnables ; je dois vous rappeller, que la loi ne défendant point d'émettre un vœu individuel, *qui peut être celui de tous*, rien n'empêche, Messieurs, que vous vous assembliez, pour veiller en commun à la propagation de l'art que vous professez tous, à sa décence, à son perfectionnement, à tous les points qui intéressent et ses succès et sa durée.

Alors, *les auteurs soussignés*, qui formeront votre assemblée, ayant un égal intérêt aux sages conventions qu'on doit faire avec les spectacles ; chacun peut adopter les vues qui conviennent à tous, et donner ses pouvoirs, pour traiter avec les théâtres, au même procureur fondé que nous avions chargé des nôtres, avant le décret prononcé contre les associations.

Je pense aussi que le théâtre qui éleverait cette difficulté, avant de traiter avec vous, aurait besoin d'un grand mérite, pour effacer

(5)

la juste répugnance qu'une telle conduite vous donnerait pour lui. Je ne le présume d'aucun ; puisque déjà trois grands spectacles ont accepté les conventions que, *nous tous auteurs soussignés*, avons arrêtées avec eux, sous cette forme très-légale.

Cela posé, j'entre en matière.

Vous avez, Messieurs, sollicité, obtenu de nos législateurs, un décret solemnel qui vous assure enfin la propriété intégrale de vos ouvrages de théâtre.

Votre propriété rentrée, il a fallu songer à en régler l'usage. D'une commune voix, vous avez tous jugé, qu'il n'y avait, pour les auteurs, qu'un seul mode qui fut décent, digne du noble emploi que vous faites de vos talens ; celui de vous soumettre à la parfaite égalité de droits, sur l'utile et l'honorifique.

Prenant pour bâse de vos demandes aux théâtres qui doivent représenter vos pièces, l'équité la plus modérée, vous avez arrêté de continuer de faire à tous les comédiens, dans une affaire absolument commune, un sort bien supérieur au sort que vous vous réservez. L'entreprise elle-même restant chargée de tous les frais, *vous ne voulez d'eux qu'un septième, et vous leur laissez les six autres.*

Une prétention si modeste n'est pas neuve

de votre part : depuis douze ans la comédie
française , seule filière alors de vos succès , en
recueillait tout l'avantage. Et, malgré l'immense
crédit qui leur eût permis d'oser plus , depuis
douze ans , les comédiens français étaient for-
cés de convenir que garder *six-septièmes* du
gain , après avoir levé 600 liv. de frais , était un
sort bien magnifique abandonné par les auteurs ! Depuis douze ans aussi , dirigés par le
même esprit , vous voyiez sans chagrin , Messieurs , que tous les auteurs dramatiques ne
s'étaient jamais partagé jusqu'à 38,000 francs
par an , dans ces fortes années , où le produit
brut d'un million laissait aux comédiens français 25 , 26, 27 mille francs de part entière.
La médiocre somme que vous vous partagiez
n'aurait rendu à chaque auteur alors que 1,650
livres en masse , s'ils avaient fait bourse commune.

Vous vous étiez réduits ainsi, parce que vous
aviez jugé que les comédiens ont des chances
de revers, auxquelles vous n'êtes point soumis ;
parce que vous pouvez cesser de faire des
pièces de théâtre , quand ils ne peuvent cesser
d'en jouer ; parce que leur état , exigeant des
dépenses , leur impose un genre de vie dis-
pendieux et dissipateur , que le travail du
cabinet vous rend à vous presque étranger

parce qu'enfin l'homme de génie peut s'honorer d'être fier, pauvre et modeste; lorque le talent du débit demande une sorte de faste ! Vous aviez donc tous arrêté que, levant les frais du spectacle, réglés à 600 francs par jour, chaque auteur n'aurait qu'*un septième* sur le restant de la recette, pour un grand ouvrage en cinq actes ; et les autres en proportion ; laissant aux acteurs qui les jouent, les *six-septièmes* de tout le reste.

Vous ne changez rien aujourd'hui à ces modestes conventions ; sinon qu'au lieu de 600 livres, vous en passez 700 aux comédiens français, sans augmenter votre sort d'une obole. On chercherait envain ici la cause du plus léger débat ! et pourtant vous en avez un qui me paraît interminable.

Avant de mettre au jour ce qui vous honore, Messieurs, dans cette répartition de gains d'une plus grande inégalité que ceci n'en offre l'aspect ; permettez-moi de rappeller succintement les bâses générales d'où sortent vos traités avec tous les théâtres.

1°. La loi du *septième* exigé sur la recette pour les pièces en cinq actes (une somme de frais levée), doit être rigoureusement uniforme pour tous les théâtres de France : sans cela, plus de base fixe à l'état futur des auteurs : vous suivrez, pour les autres pièces, votre proportion établie du *dixième* et du *quatorzième*, sur le règlement du *septième*.

2°. La loi que vous vous faites de passer aux spectacles une somme de frais équitablement arrêtée, *dont les articles ne varient point*, doit être maintenue aussi : sans cela plus de règles pour traiter avec les spectacles ; tout devient arbitraire, et les disputes recommencent.

3°. La méthode de simplifier les comptes de cette partie, en substituant une somme fixe de frais alloués à l'amiable, aux détails fatiguans d'un examen perpétuel de ces frais, est assez bonne, selon moi ; mais, c'est lorsque le résultat d'une discussion préliminaire, rentre à-peu-près dans la somme allouée : sans cela les auteurs seraient justement assaillis des plaintes des spectacles qui se trouveraient traités moins favorablement que d'autres ; et c'est ce qu'on doit éviter.

4°. Les considérations particulières qui peuvent faire accorder des exceptions avantageuses, à de certains théâtres, doivent toujours être expliquées dans les conventions écrites, pour qu'elles répondent d'avance aux réclamations des spectacles qui ne se trouveraient point dans le cas d'obtenir de ces exceptions.

5°. Nul auteur signataire , dans la libre association que le bien du théâtre exige , ne doit se croire en droit d'y rien changer , dans ses conventions avec les spectacles qui joueront désormais ses pièces : autrement tout devient un combat sourd d'intrigues perpétuelles, pour obtenir des préférences ; et l'état des auteurs modérés et paisibles , serait pire que par le passé.

6°. Vous devez tous vous regarder comme les défenseurs nés des théâtres ; pour arrêter les vexations que les abus d'autorité voudraient leur faire supporter ; *et cet article est de rigueur pour vous.*

Il serait bien à souhaiter, Messieurs , que toutes les questions qui s'élèveront relativement à ces principes , fussent à l'avenir jugées à l'amiable par un comité de gens de lettres et de théâtre, bien choisis, où tous les contendans auteurs et comédiens expliqueraient les motifs de leurs prétentions réciproques ; afin que ces débats, qui, portés dans les tribunaux , y sont souvent vus du côté qui prête au ridicule , cessent de mettre les hommes d'esprit ou de génie de la littérature , à la merci des sots , dont le monde est toujours rempli.

Appliquons maintenant au théâtre français l'usage de tous ces principes.

Si l'exactitude des chiffres donnait des résultats sévères contre les comédiens français; n'en induisez pas , je vous prie , que je suis l'ennemi d'un arrangement avec eux. Personne plus que moi , n'en sent la grande utilité , à laquelle je souhaiterais qu'on pût faire fléchir la rigueur même du principe. C'est à vous de juger , Messieurs , si vous pouvez admettre en leur faveur des considérations particulières ; ou si , dans des dispositions qui intéressent autant vos successeurs que vous , il vous est permis d'accueillir d'autre principe de décision que celui seul de la justice.

Des comédiens se réunissent vingt-trois personnes , pour partager les emplois d'un spectacle et les produits de l'entreprise , ou tous les mois , ou tous les ans. Soit qu'ils jouent, soit qu'ils ne jouent pas dans l'ouvrage de

chaque auteur , ils partagent tous au produit , car ils sont en société.

Les hommes de lettres qui se succèdent
pour fournir au jeu d'une année les représentations théatrales , sont à-peu-près vingt-trois
aussi par an. Chacun d'eux ne partageant point
quand on joue l'ouvrage d'un autre , et n'étant
point en société , ni de succès, ni de recette ;
à la fin de l'année , au compte général , il résul-
tera seulement : que ce spectacle , ayant levé
ses frais, a partagé son bénéfice entre vingt-
trois auteurs et vingt-trois comédiens : mais
dans une telle proportion , que les auteurs
vivans , qui semblent lever entre eux tous *un
septième* effectif sur la recette annuelle , *n'en
touchent réellement qu'un vingt-septième en
masse ,* et que la proportion exacte du sort
des vingt-trois comédiens à celui des vingt-
trois auteurs est , pour chacun des comédiens ,
comme 27 francs à 20 sous. Cela peut paraître
choquant ; en voici la preuve évidente.

Si les auteurs vivans n'offraient à jouer aux
comédiens que des ouvrages en cinq actes,
et qu'on en donnât un tous les jours de l'année ,
les auteurs toucheraient par an *le septième* du
produit net. Mais, comme le fond existant du
plus superbe répertoire d'ouvrages d'auteurs
morts , ne laisse d'espoir à ceux qui vivent ,

que de voir jouer leurs pièces *au plus de trois jours l'un*, en concurrence avec les chefs-d'œuvres anciens, ils ne toucheront jamais dans la recette annuelle *qu'un septième dans le tiers des représentations, ou le vingt-unième au total :* encore en supposant qu'on jouerait, dans ce temps qui leur est consacré, une pièce en cinq actes par jour.

Mais, comme il est aussi prouvé que, sur les ouvrages nouveaux, la succession de la mise au théâtre est toujours établie entre une pièce en cinq actes, une en trois actes, et une en deux ou un, qui ont différens honoraires ; il en résulte qu'un tiers seul des ouvrages représentés, offre à ses auteurs l'honoraire *du septième ;* puis, le second tiers, *le dixième*, et l'autre enfin, *le quatorzième*, lesquels, tous pris ensemble, n'offrent *qu'un neuvième effectif*, qui n'a lieu, ainsi qu'on l'a vu, que pour un seul tiers de l'année.

Donc la part annuelle des auteurs, ne pouvant être en masse que *du neuvième dans le tiers* des recettes, n'est que *du vingt-septième sur la totalité :* ce qu'il fallait vous démontrer.

Tout ceci bien prouvé ; quelle que soit la recette, forte ou faible, immense ou exiguë, la proportion sera toujours la même, du sort des comédiens au vôtre. Ainsi (pour donner

un exemple qui ne sorte point du sujet) pendant l'année dernière , la comédie française
prétend n'avoir touché que 8,000 francs de part
entière , au total de 194,000 liv. divisées en
vingt-trois parties : les vingt-trois auteurs de
l'année , *s'ils n'avaient retiré leurs pièces ,*
n'auraient partagé entre eux tous , dans la
proportion *du vingt-septième* établi , *que* 7,185
liv. Donc 312 liv. eussent été le sort de
chaque homme de lettres.

Les auteurs, se contenter d'*un ,* lorsque les
acteurs ont *vingt-sept !* ce n'est point là ruiner
la comédie française ! En quelque ville de
l'empire que vous employiez un théâtre à ce
taux , vous pourrez vous vanter , Messieurs ,
d'un parfait désintéressement.

Parcourons d'autres hypothèses. Je suppose
que les comédiens , trouvant leur répertoire
usé , pensent qu'il est de leur intérêt d'ex-
ploiter plus de nouveautés, et qu'au lieu d'un
tiers de l'année, ils doivent leur en consacrer
deux ; il est bien clair alors (tous les rapports
restant les mêmes , quand celui-là seul est
changé), que le sort des auteurs se trouve-
rait doublé ; et qu'au lieu de 18,000 francs,
ils auraient à se partager 36,000 livres chaque
année ; qu'alors la proportion de sort entre

les comédiens et eux , ne serait plus *comme* 27 *à* 1 ; mais seulement *comme* 18.

Mais aussi , comme cette idée ne peut venir aux comédiens que lorsqu'ils sentiront enfin que les *six-septièmes* d'une grande recette , valent mieux que les *sept-septièmes* d'une petite; si le sort des auteurs était doublé en masse, celui des comédiens redeviendrait tout ce qu'il fut dans ces formidables années , où, au lieu de 500,000 livres , ils eurent jusqu'à un million de produit brut à répartir. La proportion serait toujours la même entre le sort des comédiens et des auteurs ; seulement le produit aurait été doublé pour tous.

Que si, sans augmenter la recette commune, *présumée à* 2,100 *livres* , les comédiens sentaient qu'ils ne peuvent arriver même à ce taux moyen qu'en forçant sur les nouveautés (les ouvrages anciens leur rendant à peine les frais) ; alors il faudrait revenir à ce très-bon raisonnement qu'ils repoussent de toutes leurs têtes : que les nouveautés seules fesant la prospérité des spectacles , il est peut-être encore moins malhonnête que mal-adroit de vouloir amoindrir le sort modeste des auteurs, au risque de périr faute de bonnes nouveautés ; lorsque, dans les grandes années , où la portion de chaque comédien a monté à 27 *mille francs* ;

celle des vingt-trois auteurs *ensemble*, n'a jamais été jusqu'à 38,000 liv.

Je crois savoir, ainsi que vous, quel peut être l'espoir des comédiens français, lequel n'est pas toujours déçu : c'est que quelques jeunes auteurs, en fesant leurs premiers essais, pressés de gloire ou de besoin, leur céderont souvent des pièces au prix qu'ils voudront en offrir. Mais ces jeunes gens détrompés, ne tarderont pas à sentir le tort qui leur a été fait. Lorsque les Troupes du royaume, en leur demandant leurs ouvrages qu'on aura joués à ce théâtre, leur diront assez justement : les comédiens français vous donnaient *le* 10e. ou *le* 16e, ou *le* 20e. qui vous rapportaient peu de chose : nous, dont les recettes sont moindres, nous ne vous offrirons pas plus. Où vous aviez vingt francs chez eux, il vous revient 20 sous chez nous. Alors, sentant la conséquence du mauvais parti qu'ils ont pris, et qu'une démarche légère les met à la merci de tous les directeurs, ils quitteront les comédiens français.

Abordons maintenant la question des frais journaliers. Ils n'ont rien de semblable entre eux que la nature des articles, *qui ne doit varier nulle part*. La valeur de chacun d'eux varie selon l'importance des théâtres ; suivant le plus ou moins d'objets qu'un spectacle veut embrasser.

Les seuls *articles invariables* que vous allouez aux spectacles, sous le nom de frais journaliers, *dans l'imprimé qu'ils ont reçu de vous*, sont :

Le loyer de la salle.

La garde, autant qu'elle est payée.

Le luminaire.

Le chauffage.

L'abonnement des hôpitaux, tant que l'abonnement subsiste.

Les employés au service du spectacle.

Les affiches, les imprimés.

Le service pour les incendies.

Vous n'en avez point passé d'autres.

Ces objets arrêtés ; vous avez vérifié, en traitant avec les spectacles, à quelle somme chacun montait, et vous les avez tous alloués avec la plus grande équité, sur les registres et les renseignemens que chaque théâtre a fournis.

Puis ils vous ont prié, pour simplifier les comptes, d'en faire une somme commune, qu'on allouerait à l'amiable ; en ajoutant, pour frais extraordinaires, *entre un-cinquième et deux cinquièmes* de la somme allouée , dont le total serait la retenue journalière , au-delà de laquelle le partage commencerait, sur le pied *du septième*, ainsi que vous l'avez réglé.

Le résultat de vos calculs vous a fait allouer, Messieurs , 700 livres de frais , *tout compris, à la comédie italienne ;* même somme de 700 livres *au théâtre francais de la rue de Richelieu ;* 600 livres par jour *au théâtre* , dit *du Marais :* ainsi en proportion aux autres.

Restaient MM. les comédiens français, qui, calculant avec chagrin la différence qui résulte pour eux, de la concurrence actuelle à leur monopole passé , n'ont voulu traiter avec vous, *qu'au dixième de la recette , pour les pièces en cinq actes ; retenant* 800 *livres pour les frais journaliers ; plus , les frais extraordinaires.* Mais vous avez jugé, Messieurs, que vous ne pouviez vous écarter de cette unité de principes qui sert de base à vos traités avec tous les autres théâtres , sans rester exposés à des réclamations, à des difficultés, à des débats sans nombre ; et vous m'avez chargé d'écrire , en votre nom, aux comédiens français, *que , sans rien changer au passé ,* vous continueriez tous de traiter avec eux, *au septième de la recette ,* en allouant avec équité les seuls articles de frais ci-dessus spécifiés , comme à tous les autres théâtres , quelles qu'en fussent les sommes , *établies d'après leurs registres*.

Dans leur chagrin , ils ont été long-tems sans vouloir les communiquer. Enfin , les ayant obtenus , j'ai fait un long travail , dont le but pacifique était de leur prouver : qu'à la différence près d'hériter des auteurs , au beau milieu de leur carrière , dont le décret du 13 janvier les avait justement privés , ils ont réellement obtenu beaucoup d'amendemens en mieux , sur divers articles des frais.

Les auteurs , leur disais-je , ne vous passaient , depuis douze ans , que 600 liv. de frais par jour ; et pourtant , par les relevés de vos registres même , sur tous ces articles de frais , *alloués nominativement*, vous gagniez déja , de compte fait , 31,000 livres par an ; puisque tous ces frais journaliers (les seuls qu'allouaient les auteurs , d'accord avec vous sur ce point ,) ne se montaient chez vous , d'après les livres de vos comptes , *qu'à* 163,400 *livres*, quand les auteurs vous en passaient 194,400, en vous allouant à l'amiable 600 liv. de frais par jour , et comptant l'année théâtrale , alors , de 324 jours.

Au lieu de 600 liv. que les auteurs passaient , ils vous en ont offert 700 , qui , calculés à 350 jours

jours par an, vous feront désormais une autre différence en gain, de 35,000 l. chaque année.

Vous gagnez les vingt mille écus de votre abonnement des pauvres.

Vous ne payez point de loyer; quand les autres spectacles en ont au moins pour trente mille livres chacun.

Vous ne payerez plus 14,000 liv. de garde extérieure; car cette exigeance est injuste.

La différence de ces sommes, (en comptant comme vous comptez), $\left. \begin{array}{l} 31,000\ l. \\ 30,000\ l. \\ 55,000\ l. \\ 14,000\ l. \\ 60,000\ l. \end{array} \right\} 170,000\ l.$ bonifiera donc votre sort, sur vos dépenses journalières, de 170,000 l. par an. Ces gains-là, Messieurs, vaudraient mieux qu'un misérable grapillage sur le traitement des auteurs, *lequel ne vaut pas mille écus,* et peut amener votre ruine.

Si vos recettes sont diminuées par les évé-nemens actuels; c'est un mal passager, que les auteurs partagent avec vous. Ce n'est point sur leur sort modeste que vous pouvez réparer ce malheur. Quand vous annulleriez leur en-tier traitement à tous; il est trop dispropor-tionné pour entrer en ligne de compte avec les gains puissans que vous regrettez justement.

Eh ! que ferait leur sacrifice entier? lors-qu'il est démontré que (700 *liv. de frais, levés,*)

2,100 liv. de recette par jour, vous donneront un produit net, par an, de 490,000 liv. ; dans lequel produit, les auteurs ne peuvent jamais entrer, en masse, que pour 17,600 liv. qu'ils se partagent entre *vingt-trois* ; ce qui doit produire à chacun 765 l. par an ; quand vous aurez pour chaque part 20,559 liv.

Si, au lieu de lever 700 liv. de frais, vous en voulez prendre 900 ; au lieu de 245,000 liv. par an, vous leverez alors 350 fois 900 liv., ou 315,000 l. Suivant votre façon de compter, dont je vous prouverai le vice, la différence en plus, pour vous, sera de 70,000 liv. Mais, comme les auteurs ne partagent que sur le pied *du neuvième dans le tiers* ; qui est *le vingt-septième* ; vous ne retrancherez, sur la part des mêmes auteurs, que le neuvième du tiers des frais, qui n'est aussi qu'un vingt-septième.

Et c'est donc pour leur arracher *ce vingt-septième* de 70,000 l. par an, ou 2,592 l. sur leurs 17,600 l. que vous vous obstinez à refuser leurs offres ? car *tout le reste porte sur vous !* Remarquez bien cela, Messieurs ; *tout le reste porte sur vous !* Voyez si 2,592 livres du plus au moins, par an, dans une recette présumée de 755,000 livres, peuvent entrer en considération avec le mal affreux de vous séparer des auteurs ? Daignez comparer avec moi le résultat des deux décomptes, et jugez qui doit en rougir.

Si les vingt-trois auteurs fesaient ce sacri-fice ; les 17,600 livres qu'ils se partagent entre *vingt-trois*, réduits alors à 15,008 livres, ne laisseraient plus à chacun, au lieu de 765 liv., que 653 liv. par an ; *c'est presque le huitième que vous leur ôteriez ;* lorsque cette différence, si c'est vous qui la supportez, *n'est qu'un cent quatre-vingt-troisième, de diminué sur votre sort.* Au lieu de 20,539 liv., vous ne toucherez plus chacun que 20,427 livres ; c'est 112 liv. de moins, par an, à chaque comédien fran-çais. Pour les auteurs, vos nourriciers, c'est *le huitième* de leur sort ; pour vous, c'est *un cent quatre-vingt-troisième* ; et voilà l'objet du débat auquel vous sacrifiez le théâtre français ! Vous n'y avez pas pas bien réfléchi.

Tels ont été mes argumens. Je leur ai cent fois remontré, que, dans leurs sept meilleures années, depuis 1782, jusques et compris 1789, où ils fesaient, année commune, 905,000 *liv. de recette ;* toute la littérature en masse ne leur avait coûté *que* 37,802 *livres par an ;* qu'un traitement aussi modique, fût-il diminué d'un huitième sur d'aussi puissantes recettes, ne pouvait jamais réparer ce qu'ils appelaient leur malheur.

Je leur démontrais, plume en main, ainsi que je viens de le faire, que désormais cette littérature, malgré le décret national qui la rendait à ses propriétés, ne leur coûterait qu'*un vingt-septième* du produit net de chaque année; et ce travail, Messieurs, que j'ai mis sous vos yeux, vous a bien convaincus, j'espère, du motif conciliateur qui me l'avait fait entreprendre. Mes peines ont été perdues.

Malgré mes argumens, mes conseils, et surtout mes chiffres ; après de longs délais, et beaucoup de débats, MM. les comédiens français n'ont cru pouvoir aller qu'à vous offrir, Messieurs, *le septième de la recette, en retenant, par jour,* 900 *liv. de frais ; plus, les frais extraordinaires,* qui doivent passer 10,000 l., lesquels ensemble font 525,000 liv. par an.

Pour appuyer la prétention des 900 livres, ils disent qu'ils dépensent 1,500 liv. par jour, (ce qui est vrai pour 1,100 liv.) Mais, si cette somme se compose de frais, la plupart étrangers à ceux dont les articles sont justement fixés par vous, avec tous les autres spectacles, doit-on vous les passer en compte?

Des *feux d'acteurs,* qui entrent dans leurs poches !

Des *arrérages d'emprunts,* dont ils ont des immeubles !

Des *intérêts de fonds d'acteurs*, dont l'argent est censé en caisse !

Des *parts d'auteurs*, qu'on peut payer, ou non, et prises sur les bénéfices, quand les frais ont été levés !

Des *voyages à la cour*, qui demeure à Paris !

Des *vingtièmes*, des *capitations*, des *aumônes*, (devoirs de citoyens que nous remplissons tous !)

Des *étrennes*, des *fiacres*, des *acteurs à l'essai !* etc. etc., et vingt articles d'etc., qui s'élèvent ensemble *à plus de 200,000 livres*, sont-ils bien des frais journaliers, dans lesquels l'auteur doive entrer sur son neuvième très-chétif ? sur-tout lorsqu'en leur accordant 700 l. avant le partage, ils ont à prélever 245,000 l. *pour les frais.*

Après m'être un peu trop fâché ; la tenacité qu'ils mettaient à se cramponer à leur offre, m'a fait faire un nouveau travail, pour tâcher de les ramener d'une erreur aussi dangereuse. Mais ils croyaient, Messieurs, avoir fait un si grand effort, en ne vous arrachant pas plus, qu'ils m'ont répondu net : *que c'était aux auteurs à faire ce sacrifice, puisqu'ils s'étaient tant avancés sur leurs propositions, quand vous n'aviez rien changé sur les vôtres.* Que dire à cette obstination, sinon qu'ils son bien malheureux d'aimer si fort leurs intérêts, et de les entendre si mal?

Enfin, dans une conférence entre leurs commissaires, et quatre d'entre nous, j'ai pris sur moi d'aller jusqu'à leur proposer 800 liv. *de frais par jour,* sans être sûr que vous m'en avoueriez; mû par les considérations que les *français* étaient le seul théâtre qui avait fait des pertes à la révolution; puisque tous les autres partagent un répertoire immense, qu'ils avaient seuls, depuis cent ans; que ce théâtre avait été le berceau de tous vos succès; qu'ils payent les sottises de leurs prédécesseurs; qu'ils font vingt mille francs de pensions, où leur honneur est engagé; qu'aucun autre spectacle enfin, ne pouvait exciper de toutes ces considérations, pour réclamer un avantage, qu'un motif personnel aux comédiens français avait pu seul vous arracher. Mais, je le dis avec chagrin, j'ai perdu tout espoir d'un arrangement avec eux, lorsque, pour unique réponse, ils m'ont répété : *que leur mot était de prélever 900 liv. de frais par jour, sans les frais extraor-dinaires, en n'accordant que le septième.*

Or, voyez tout le faux de ce fatal raisonnement !

Des 600 francs que vous passiez, aux 900 l. qu'ils demandent, il paraît y avoir pour eux

3oo liv. de gain par jour, ou 105,000 liv. par an, sans les frais extraordinaires, qu'on peut porter à 10,000 liv. Mais ce gain de 115,000 l., auquel ils sont si acharnés, n'est qu'une vaine illusion, un faux aspect qui les égare.

Les 60,000 l. de l'abonnement des pauvres; le loyer qu'ils ne paient point, et la garde extérieure cessant d'être à leur solde, sont des objets d'un gain réel. Le faux gain sur les frais, n'est rien.

Ces 115,000 liv. exigées, auraient bien toute leur valeur, si les auteurs, à qui on les demande, devaient les payer en effet; mais leur part est si misérable, dans les recettes d'une année, que, sur un produit présumé de 755,000 liv., on a vu qu'elle ne va pas même à 18,000 liv. par an. On en retiendrait mille écus, (et c'est plus qu'on ne peut vouloir leur arracher,) que les comédiens, sur leur part, n'en payeraient pas moins, par an, 112,000 l. dans les 115; objet d'un puéril débat, *puisque le tout porte sur eux.*

Cette rage de disputer, de mordre sur les gens de lettres, et d'écorner leur misérable part, est donc vuide, à-peu-près, d'intérêt pour les comédiens. Or il faut me prouver que mes calculs sont faux; ou bien convenir qu'on les trompe, avec le funeste projet de les ruiner.

entièrement, quand on les fait s'obstiner si long-tems à verser, sur les seuls auteurs, leur malheureuse économie.

Je dis : *leur malheureuse ;* car ce constant refus de la modique différence entre vos offres et leurs demandes, leur a déjà coûté plus de 100 mille francs de recette, depuis six mois que leur obstination les a privés de vos ouvrages. Joignez-y la scission qui s'est faite entre *leurs sujets,* et qui est la suite fâcheuse de leur division avec vous ; voilà le secret de leurs pertes.

Vous m'avez entendu ; je vais me résumer, et vous prononcerez après.

Vous ne pouvez avoir, Messieurs, de société partielle intéressée, avec les comédiens français, que pendant un tiers de l'année. Les deux autres sont consacrés au jeu de l'ancien répertoire ; et quand ils ne jouent pas vos pièces, leur théâtre vous est étranger , autant que s'il n'existait point.

Le tiers des trois cents cinquante jours, qui composeront désormais l'année théâtrale des spectacles , donne un peu plus de cent seize jours : moi, je l'abonne à cent vingt jours.

De ces cent vingt jours là , un tiers serait rempli par vos pièces en cinq actes, lesquelles, à 2,100 *liv. de recette commune ,* dont nous sommes tombés d'accord , (700 *liv. de frais prélevés*, lesquels sont l'objet du débat) laisseraient au partage 1,400 liv. de recette , dont le septième, pour vous, serait 200 liv. par jour, pendant le tiers des cent vingt jours, ou quarante jours de spectacle.

Or , quarante fois 200 liv. font 8,000 liv. *de recettes, pour tous les auteurs en cinq actes.*

Puis, l'autre tiers des cent vingt jours, ou quarante jours de pièces en trois actes , *au dixième de la recette ,* vous produirait , aussi par an , 5,600 *liv. de recettes.*

Puis , quarante jours de pièces en un acte ou en deux , *au quatorzième de la recette ,* ne vous produiraient plus que quarante fois 100 l. ou 4,000 *liv. par an ;* lesquelles trois sommes

$$de \begin{cases} 8,000 \text{ liv.} \\ 5,600 \\ 4,000 \end{cases} \text{ ensemble } 17,600 \text{ liv.}$$

sont, dans l'année , tout ce que la littérature peut espérer tirer des comédiens français, sur les 735,000 liv. , produit brut de trois cents cinquante recettes, présumées à 2,100 liv.

En prélevant 700 liv. de frais par jour, ou 245,000 liv. ; plus , les 17,600 liv. touchés par les auteurs , il resterait aux comédiens français 472,400 liv. , qui, divisés en vingt-trois parts , donneraient à chacun , comme nous l'avons dit, 20,539 liv.: quand chaque auteur ne toucherait que 765 liv. par an. Le sort des comédiens, à celui des auteurs, serait *comme vingt-sept à un.*

Je dois pourtant vous répéter, Messieurs, (car je ne suis point votre avocat, mais le rapporteur de l'affaire), que cette différence, qui paraît si énorme, en comparant le sort de vingt-trois auteurs dramatiques, à celui des vingt-trois comédiens; que cette différence s'abaisse, quand on veut bien se souvenir que les auteurs n'étant en société avec les comédiens, que pendant un tiers de l'année; le produit des deux derniers tiers du travail de la comédie, leur est de tout point étranger. Ils n'ont donc tous à comparer leur sort qu'avec un tiers de celui des acteurs : or, sur une recette de 472,400 livres par an, ce tiers n'est plus que 157,466 livres 13 sous, laquelle somme à son tour, comparée à 17,600 livres, est, à peu de chose près, *comme neuf* sont à *un.*

La différence du sort des comédiens français, à celui des auteurs qui travaillent pour eux, est donc toujours au moins *comme de neuf à un,* pour un tiers de l'année, seul temps où le partage entre eux est établi.

Si l'on objectait à ceci, qu'il n'est pas bien certain que les deux autres tiers de l'année

qui restent consacrés aux ouvrages anciens ,
donnent , ainsi que le tiers consacré aux
nouveaux, 2,100 livres chaque jour ; votre
réponse est celle-ci , Messieurs ; si elle est
sévère , elle est juste.

Les ouvrages anciens ne peuvent-ils sou-
tenir la prospérité du spectacle? Ne disputez
donc pas le prix des nouveautés, puisqu'elles
seules vous font vivre! Les trouvez-vous trop
chères pour leur produit? Jouez-en beaucoup
moins ; elles vous coûteront peu d'argent ; et
tâchez de filer l'année avec des ouvrages anciens , dans le produit desquels personne que
vous n'entrera ; et ce dilême, sans réplique ,
doit finir toutes les disputes.

*Le 7ᵉ, le 10ᵉ, enfin le 14ᵉ, lesquels, tous
réunis, ne font que le 9ᵉ, dans le tiers de la
recette annuelle, ou le 27ᵉ au total, 700 liv.
de frais prélevés*, sont donc, Messieurs, ce
que vous demandez aux comédiens français
pour leur donner tous vos ouvrages exclu-
sivement pour un an ; et mes calculs vous ont
prouvé que ce 9ᵉ dans le tiers d'une recette
annuelle présumée de 755,000 livres, ne leur
coûtera jamais 18,000 francs par an ; et que
la proportion des sorts entre les comédiens et
vous, sera toujours *comme 27 , à 1* ; et c'est
pour amoindrir ce misérable 27ᵉ ; c'est pour

réduire à 653 liv. les 765 liv. dont ils vous *gratifient* par an, que l'on débat depuis six mois ! Cela passe ma conception !

Si j'ai rappellé tant de fois ce résultat comparatif ; c'est pour mieux inculquer dans l'esprit de tous mes lecteurs que, sur des recettes immenses, vos prétentions, Messieurs, ont toutes été si modérées, qu'on doit avoir bien de la peine à croire qu'elles aient été refusées !

Si l'on pouvait penser que cette obstination vînt de mauvaise volonté, il faudrait laisser là les comédiens français, comme des hommes très-malhonnêtes envers les auteurs dramatiques. Mais je jure, Messieurs, et je m'en suis bien convaincu, que de leur part, c'est ignorance pure, inquiétude sans objet. Je n'ai pu leur faire comprendre qu'ils jettaient des louis par la fenêtre en disputant sur des deniers : que ce qui enlevait le 8ᵉ aux auteurs, vu le modique sort qu'ils avaient dans la part commune, n'ôtait qu'un 183ᵉ à chaque comédien français ; que cette lésinerie (*à peine de* 100 *louis*), leur coûterait 100 mille écus par an, et qu'elle finirait par ruiner leur théâtre. Ils m'ont dit : *qu'ils n'en croyaient rien ; mais que quand cela devrait être, beaucoup d'eux*

aimaient mieux périr que d'en avoir le dé-
menti. Là, j'ai rompu toutes les confé-
rences.

D'après cela, Messieurs, décidez maintenant si, comme aux autres grands théâtres,
vous contentant du modeste 7ᵉ réduit par le
calcul au modeste 9ᵉ pendant quatre mois de
l'année, qui n'est qu'un 27ᵉ annuel, vous
allouerez aux comédiens français 700 livres de
frais par jour, ou 100 livres de plus, par des
considérations personnelles, ou 90 *liv. qu'ils
demandent ; plus, les frais extraordinaires ;*
terme au dessous duquel ils ont juré ne vouloir point descendre.

Une décision de vous, est le seul but de ce
rapport.

*Lu dans l'Assemblée des auteurs, ce 12
auguste 1791.*

CARON BEAUMARCHAIS, rapporteur.

*Délibération prise à l'Assemblée des auteurs
dramatiques, au Louvre, ce 12 août 1791.*

M. de Beaumarchais ayant fait le rapport du
travail de MM. les auteurs nommés, qui, le 7
de ce mois ont chez lui discuté avec MM. *Molé,
Desessarts, Dazincourt* et *Fleury*, les intérêts
des auteurs et ceux des comédiens ; ayant en-

suite communiqué à l'assemblée un travail très-détaillé, très-clair et très-précis sur cet objet : la question duement éclaircie et posée, pour savoir ce que les auteurs peuvent équitablement allouer de frais, tant ordinaires qu'extraordinaires, audit théâtre ; plusieurs votans ont été de l'avis que, par des considérations particulières aux Comédiens Français, il pouvait leur être accordé *huit cents livres de frais par jour*. Mais la grande majorité a dit : que, d'après l'examen exact des dépenses de ce spectacle, il ne devait être accordé aux Comédiens Français, que *sept cents livres de frais par jour*. Et tous les auteurs soussignés se sont rangés à cet avis.

L'impression du rapport et de la délibération a été ordonnée. Et ont signé, Messieurs

Ducis.	Le Blanc.
De la Harpe.	Dubreuil.
Marmontel.	Le Mierre d'Argis.
Sedaine.	Fillette Loraux.
Le Mierre.	Guillard.
Cailhava.	De Santerre.
Chamfort.	La Montagne.
Brousse des Faucherets.	De Sade.
	Des Fontaines.
Chénier.	Pujoulx.
Palissot.	Harni.

Faur.	Fallet.
Lanjon.	Dumaniant.
Dubuisson.	Radet.
André de Murville.	Patrat.
Gudin de la Brenelle-	Grétry.
rie.	D'Alairac.
Cubières.	Le Moine.
Fenouillot de Falbaire.	Forgeot.
Mercier.	Caron Beaumarchais.

Chaque théâtre ayant la liberté d'embrasser tout genre de spectacles, et ce délibéré ne portant que sur le partage entre le génie qui compose, et tous les talens qui débitent ; les auteurs de différens genres ont eu un droit égal d'émettre et de signer leur vœu. De même que nos Poëtes tragiques ont donné des pièces chantées ; de grands Musiciens ont orné de leur art les chef-d'œuvres de la tragédie ; témoin M. Gossec, et ses beaux chœurs dans l'Athalie de Racine, et témoins plusieurs autres.

Cette note répond à l'objection futile : que MM. les Comédiens Français ayant le droit de nous prendre un à un, ne reconnaissent point d'arrêté général des auteurs. Celui-ci n'engage que nous : permis à eux de n'en faire aucun cas. Il nous suffit à tous d'avoir bien instruit le Public.